Mi Segundo Libro de Tawhid

Ce livre appartient à:

¡A Alá Solo Adoramos!

Traducida por Somayh Naseef

Escrita por Umm Bilaal Bint Sabir
Corrección de pruebas de Umm Farrukh
Formato y diseño por Umm Bilaal Bint Sabir
Cubrir por @ilm.cards

2023 Al Huroof Publishing
© alhuroof
Publicado por primera vez Sep 2024

ISBN: 978-1-917065-25-2

Toutes demandes de renseignements à :

@al.huroof   AlHuroofpublishing   alhuroof@hotmail.com

Al Huroof Publishing
Little Muslim Readers
الحروف للنشر

بسم الله الرحمن الرحيم

Alabado sea Alá, el Dios de toda la creación, y que la paz y las bendiciones de Alá sean con nuestro profeta Mahoma, a sus verdaderos seguidores y a todos sus compañeros. Procedamos:

AL HUROOF

Al Huroof es parte de un proyecto en curso llamado Bait-at-Tarbiyah (Casa de Aprendizaje), que fue iniciado por un pequeño grupo de jóvenes madres musulmanas en 1995, Londres, Reino Unido. En ese momento, había una falta de material auténtico de enseñanza islámica para niños pequeños. Por lo tanto, decidimos reunir nuestras habilidades creativas y profesionales para desarrollar recursos y ayudas didácticas islámicas auténticas y divertidas; basadas en el Corán (el libro sagrado) y la Sunnah. Específicamente, los versos y comportamiento del Profeta Mahoma (que la paz y las bendiciones de Alá sean con él), sus compañeros y la generación que les siguió.

El enfoque inicial estaba en cuatro proyectos: tarjetas didácticas, revistas, videos y juguetes blandos; algunos de los cuales aún no se han desarrollado. Hasta la fecha hemos publicado 4 revistas de Al Huroof, una serie de tarjetas que presentan los 5 pilares del Islam y camisetas

¡Gracias a Alá! Desde entonces, los colaboradores han crecido en su propia capacidad profesional. La autora principal hasta la actualidad tiene 18 años de experiencia en la enseñanza de EFL, formación de profesores y experiencia reciente en la gestión de escuelas primarias; todo lo cual proporciona una valiosa visión para diseñar material didáctico. Esperamos continuar con nuestros esfuerzos para desarrollar ayudas didácticas y contribuir al creciente mundo de material de enseñanza islámica auténtica; teniendo en cuenta que todo este esfuerzo es para Alá. Al usar las habilidades que Él, Subhaanahu, nos ha bendecido, esperamos ayudar en la difusión del conocimiento auténtico donde sea posible. Que Alá lo acepte de nosotros, amén.

SOBRE LA TRADUCTORA

Como profesora de idiomas apasionada y certificada, a veces asumo el papel especial de traducir libros infantiles para dejar una huella significativa. Mi idioma favorito es el español, pero también traduzco entre inglés, francés, italiano y alemán. Creo en crear traducciones que sean accesibles y atractivas para los jóvenes lectores, ayudándolos a aprender nuevas palabras mientras disfrutan de la historia. Para mí, traducir libros infantiles es una oportunidad única para contribuir a la comunidad e inspirar a las mentes jóvenes. Cada libro que traduzco es una oportunidad para conectar el mundo a través de la belleza del lenguaje.

Al usar las habilidades que Él, Subhaanahu, nos ha bendecido, esperamos ayudar en la difusión del conocimiento auténtico donde sea posible. Que Alá lo acepte de nosotros, amén.

Cómo Usar Este Libro

Notas para los Padres

Este es el segundo libro de una serie de tres partes sobre el Tawhid. En árabe, Tawhid significa 'hacer algo único'. En la Sharía islámica (Ley islámica), significa dedicar la adoración únicamente a Alá. Este es el fundamento de nuestra religión. Tawhid es el conocimiento y el reconocimiento de que nuestro Dios es único con todos los atributos de Perfección, Grandeza y Majestad, y único con toda adoración.

Nuestro primer libro se centró en el Tawhid-ur-Ruboobiyyah: dedicar a Alá como el sólo Dios. Este libro se centra en el Tawhid-al-Uloohiyyah, que significa dedicar nuestras acciones a Alá (es decir, la adoración a Él).** Debemos saber que Alá tiene el derecho exclusivo de ser adorado por toda Su creación. Solo Él debe ser adorado y debemos hacer la religión puramente y sinceramente solo para Él. Este es el Tawhid-al-Uloohiyyah, también conocido como Tawhid-al-Ibaadah o el Tawhid de la adoración de Alá. * Ayude a su hijo a comprender este fundamento guiándolo a conectar el aspecto de la adoración con el Tawhid-al-Uloohiyyah.

Ayude a su hijo a comprender este fundamento guiándote para que conecte el aspecto de la creación con el Tawhid-ur-Ruboobiyyah. Use las imágenes y el texto como un incentivo para hacer preguntas y guiar sus respuestas. Nos hemos esforzado por mantener el lenguaje simple pero atractivo para el nivel objetivo de los jóvenes lectores, con algunas excepciones que necesitarán la ayuda de los padres u otros para simplificar.

Palabras de Alta Frecuencia

En la parte inferior de cada página, verá una lista de palabras de alta frecuencia (PAF) tomadas de las primeras 31 PAF para niños de 5 a 7 años. También hay palabras nuevas adicionales (PN) que no están en la lista de PAF pero se utilizan para ayudar a describir las imágenes de cada página. Anime a su hijo a pronunciar todas las palabras y ofrezca una sugerencia si necesita ayuda.

Esperamos que su hijo disfrute de esta breve serie sobre el Tawhid, basada en la comprensión del Salaf-us-Saalih. Después de alabar a Alá, Subhaanahu, nos gustaría agradecer a todos aquellos que han brindado acceso a software de diseño, formato de libros y comentarios valiosos sobre el contenido. Que Alá lo acepte como una obra de caridad continua (sadaqa yariyah) para todos ellos, ameen.

*Ref: Notes from the audio lectures of 'Kitab-at Tawhid', of Imaam Muhammad ibn 'Abdil-Wahhaab, Imaam as-Saa'idi, and Shaykh Uthaymeen, translated by Daawood Burbank, Allaah yarhamhum
**Ref: Notes from he audio lectures 'Al-Qawaid Al-Arb'aa' Part 1 of Imaam Muhammad ibn 'Abdi-Wahhaabm explained by Shaykh Fawzan, translated by Abu Muadh Taqweem

Dedicado a mis padres
(Que Alá tenga
misericordia de ellos)
Y a dos niños especiales.

Palabras de alta frecuencia

la Kaaba

la mezquita

el Corán

rezar

zakat

la oración

el sol

los árboles

la luna

llover

las estrellas

las piedras

el adhan

viajamos

du'a

ayuno

de Ramadán

recitar

sacrificar

hajj umrah

Arabia Saudita

ayudar

sadacá

dar le comer

Alá es nuestro Dios y Creador.

Le adoramos solo a Él.

¿Qué es la adoración?

¡Vamos a descubrirlo!

la adoración

la adoración

La adoración es todo lo que Alá ama y con lo que se complace, como...

rezar,
hacer duaa,
recitar el Corán,
ayunar,
dar dinero a los pobres (zakat y sadaca),
hacer la peregrinación (Hajj y Umrah),
ayudar a los demás y más.

¿Cómo adoramos sólo a Alá?

la Kaaba  la mezquita el Corán zakat  la oración

la adoración

Esta es **la mezquita**.

Aquí es donde
rezamos.

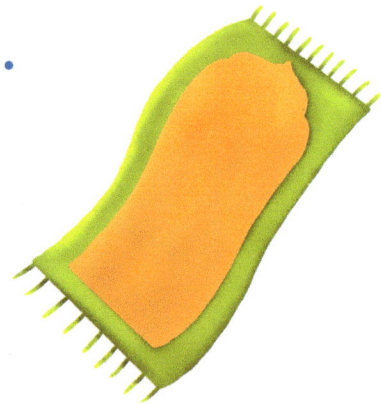

la
oración

la
mezquita

masyid

Cuando **rezamos**...

No rezamos a la gente...

No rezamos para presumir.

¿A quién rezamos?

rezar

rezar

¿Deberíamos **rezar** al sol, a la luna, a las estrellas o a los árboles?

¡No!

¿Por qué?

¡Alá creó el sol, la luna, las estrellas y los árboles!

¡Ellos son la creación!

¡Rezamos a Alá, el Creador!

el sol    los árboles    la luna    las estrellas    las piedras

la creación

Cuando le pedimos algo a Alá, rezamos (hacer) **du'a**.

Hacemos **du'a** cuando...

Escuchamos el adhan...

Viajamos...   Rezamos...

¡Y cuando llueve!

llover

el adhan

viajar

du'a

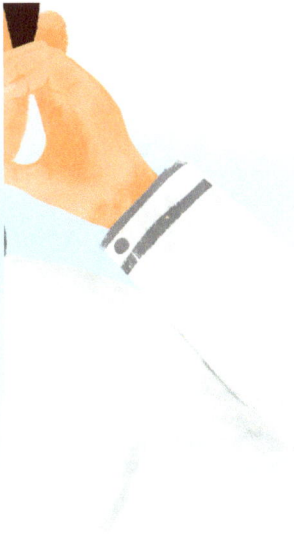

PRAY

 du'a

Cuando hacemos **du'a**...

No hacemos **du'a**
a las personas...

No hacemos **du'a**
para presumir.

?

¿A quién hacemos **du'a**?

du'a

du'a

El Corán es

el libro sagrado
de Alá

el Corán.

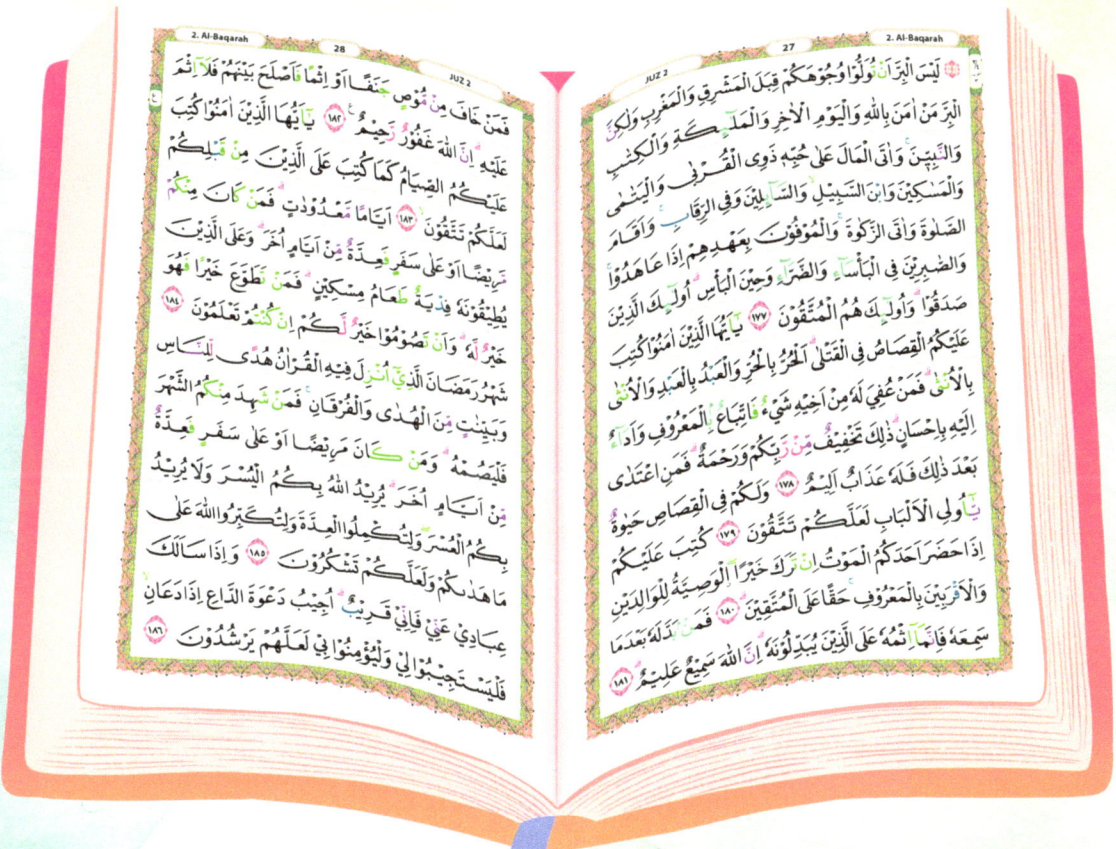

el Corán.

Cuando recitamos **el Corán**...

No recitamos
para presumir.

?

¿Para quién recitamos?

recitar   el Corán

recitar el Corán

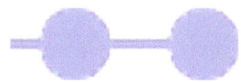

¡El mes **de Ramadán**
llega cada año!

En este mes,
ayunamas.

Ramadán 🌙 ayunar

Ramadán ayuno

Cuando **ayunamos**...

No la hacemos para agradar a la gente...

No la hacemos para presumir.

¿Para quién la hacemos?

ayuno

ayuno

Esta es la Casa **de Alá**, **la Kaaba**.

La Kaaba está en
La Meca, **Arabia Saudita**.

Vamos a La Meca para hacer la peregrinación: **hajj** y **umrah**.

hajj umrah

Arabia
Saudita

La Kaaba La Meca

Cuando hacemos **hajj** o **umrah**...

No vamos para
agradar a la gente...

No vamos para
presumir.

¿Para quién vamos?

hajj umrah

Cuando **sacrificamos**...

No sacrificamos para la gente...

ni al sol, la luna
o las estrellas.

No sacrificamos
para presumir.

¿Para quién sacrificamos?

sacrificar

Eid al Adha

sacrificar

Cada año, los musulmanes deben dar dinero a los pobres.

Esto se llama **zakat**.

Los musulmanes también pueden dar dinero para ayudar a la gente.

Esto se llama **sadacá**.

zakat

zakat   sadacá

Cuando damos **zakat** o **sadacá**...

No lo damos
para presumir. **?**

¿Para quién lo damos? **?**

zakat
sadacá

zakat sadacá

Cuando damos **de comer**
a las personas...

No les damos de
comer para
presumir.

?

¿Para quién les damos de comer?

dar le comer

dar le comer

Cuando nos **ayudamos** unos a otros...

No lo hacemos
para presumir.

¿Para quién nos ayudamos?

ayudar

ayudar

¿Estás listo para descubrir cómo adoramos a Alá? Adoración

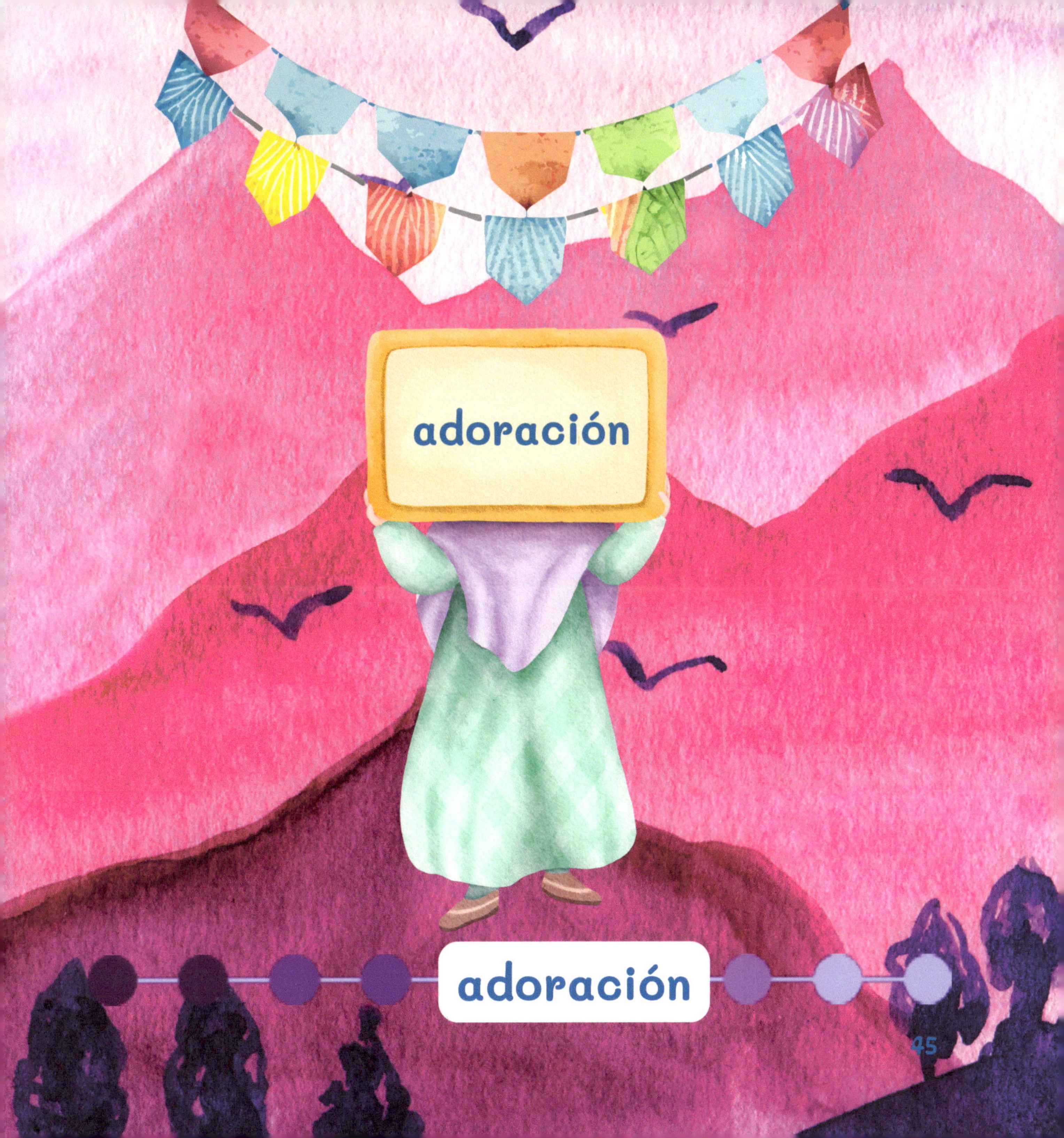
adoración
adoración

Rezamos, ayunamos, recitamos el Corán, hacemos du'a, damos zakat, sadacá, hacemos hajj y umrah y ayudamos a otros

Todo por Alá solamente.

Esto es **adoración**.
Esto es **Ibaadah**.

Esto es **Tawhid-al-Uloohiyyah**.

Tawhid-al-Uloohiyyah

Adorar a Alá solamente,

¡La Unicidad de la Adoración a Alá!

Tawhid-al-Uloohiyyah

¿Tenemos que hacer toda nuestra adoración solo para Alá?

¡Sí! Debemos adorar a Alá sinceramente.

¿Cómo lo sabemos?

Alá nos lo dice en el Corán:

el Corán

"Di (oh Mahoma): En verdad, se me ha ordenado adorar solo a Alá, obedeciéndoLe y haciendo obras religiosas con sinceridad, solo por amor a Alá, y no para ostentación..."

Surah az- Zumar ayah 11

"Di (oh Mahoma): Sólo a Alá adoro, haciendo obras religiosas con sinceridad, solo por amor a Él, y no para ostentación..."

Surah az-Zumar ayah 14

sincero

PAF (palabras de

- el/la/los/las - the
- de - of
- a - to
- y - and
- en - in

- es - is
- que - that/what
- por - for
- con - with
- para - for/to

alta frecuencia)

- se - reflexive pronoun (used for passive voice, etc.)
- no - no/not
- un/una - a/an
- al - to the (a + el)
- mi - my

1. su - his/her/their
2. este/esta - this
3. si - yes/if
4. cuando - when
- nosotros - we

SERIE INFANTIL SOBRE TAWHID

English

ALLAAH
Alone we Worship

ALLAAH
Created Everything!

Names and Attributes OF ALLAAH

French

ALLAAH
a tout créé !

ALLAAH
Seul Nous Adorons!

German

ALLAH
hat alles erschaffen!

ALLAH
allein beten wir an!

Spanish

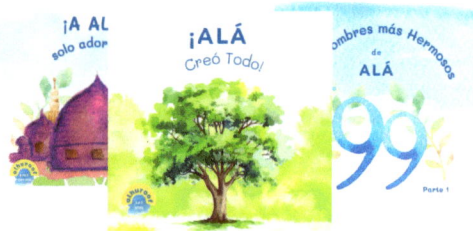

¡A AL
solo ador

¡ALÁ
Creó Todo!

ombres más Hermosos de ALÁ
99
Parte 1

Italian

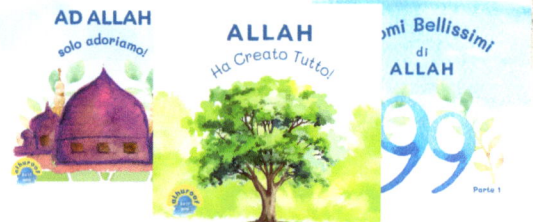

AD ALLAH
solo adoriamo!

ALLAH
Ha Creato Tutto!

omi Bellissimi di ALLAH
99
Parte 1

Urdu

LECTURA AUTÉNTICA PARA NIÑOS !